La personne hypersensible

Samuel Pfeifer

La personne hypersensible

Collection essenCiel

empreinte
temps présent

Édition originale publiée en allemand sous le titre *Wenn sensibilität zur Krankheit wird.*

Traduction : Antoine Doriath
Illustration de couverture : Damien Guillaume
Couverture/mise en page : Antonio Arroyo

Imprimé en France par Imeaf – 26160 La Bégude de Mazenc
Dépôt légal 2e trimestre 2010 – N° d'impression 91228

ISBN : 978-2-35614-004-3
www.editions-empreinte.com

Sommaire

Doué et sensible

Les personnes sensibles sont en général douées mais elles le vivent souvent comme un fardeau. La sensibilité est un facteur important du développement humain vers sa pleine maturité. Mais si elle dépasse des limites raisonnables, elle peut se muer en hypersensibilité. La personne alors ne sait plus apprécier l'existence et établir des relations personnelles matures. L'épuisement et l'humeur changeante que génère une grande sensibilité sont source d'une profonde détresse intérieure que les autres ont du mal à comprendre. La foi elle-même peut en être affectée. La personne est aux prises avec l'angoisse, la dépression et le doute.

Pendant plusieurs décennies, l'hypersensibilité a été considérée comme une « névrose » dont l'origine remontait à l'enfance. La mère, première figure de référence, devait avoir joué un rôle dans le développement de cette pathologie. On soupçonnait même le sujet de se complaire dans ses symptômes sans chercher à les dépasser.

Cette approche négative des personnes sensibles et de leurs proches n'a pas permis une progression rapide de leur thérapie. Ces dernières années, la perception de l'hypersensibilité a considérablement évolué. On se détourne aujourd'hui plus volontiers des explications causales afin d'accéder à une connaissance plus approfondie du problème. La « névrose d'angoisse » fait place au « syndrome d'angoisse ». Cette évolution ne remet cependant pas en cause l'importance historique de la notion de névrose qui recouvre encore un large spectre de troubles psychiques.

« L'auguste et déplorable famille des gens hypersensibles est le sel de la terre. »
Marcel Proust

Les personnes sensibles supportent fréquemment leurs difficultés sans chercher de l'aide. Souvent en retrait, elles ne persévèrent pas dans un traitement. 25 % d'entre elles seulement sollicitent l'aide d'un médecin ou d'un thérapeute. Solitaires et résignées, elles mènent une existence étriquée. Elles vivent dans la dépendance de leurs proches, de leurs amis ou d'un spécialiste en relation d'aide qui leur prêtent assistance.

Ce livret présente le point de vue actuel de la psychologie médicale sur ce thème. Mon souhait est qu'il vous permette de mieux comprendre les personnes hypersensibles et les difficultés psychiques et psychosomatiques qu'elles rencontrent et vous donne des outils pour les accompagner.

Dr Samuel Pfeifer

Deux approches

Le modèle analytique – dynamique – pathogénétique :

- c'est un modèle basé sur le relationnel et la motivation ;
- le rôle négatif de la mère est souligné ;
- il met en évidence des conflits inconscients ;
- le problème trouve son origine dans des conflits psychiques en lien avec les pulsions sexuelles de l'enfance ;
- la sensibilité est un système de défense contre les angoisses relationnelles ;
- on cherche à expliquer les symptômes ;
- c'est un modèle dans lequel on souligne la fonction et les bénéfices secondaires de la maladie.

Attention danger ! Le vocabulaire utilisé exprime des relations de cause à effet : « parce que… donc » ; ces interprétations, sans fondement suffisant, ne prennent pas en compte la réalité actuelle de la personne.

En relation d'aide, selon cette approche, les questions fondamentales seront : Quelle est la cause première ? La personne est-elle sous influence occulte ? Est-elle chargée d'une faute dont elle ne se sent pas pardonnée ? Quelles blessures de l'enfance exercent encore un pouvoir sur elle ?

L'approche descriptive :

- elle liste les symptômes physiques et psychiques ;
- elle mesure leur incidence sur l'état de santé et les capacités ;
- elle prend en compte la situation actuelle ;
- elle constate l'excès de stress ;
- elle repère les modes relationnels conflictuels.

Cette approche renonce consciemment au rapport causal pour se pencher sur les modalités actuelles de la vie du sujet, sa détresse existentielle, ses symptômes physiques et psychiques.

Attention danger ! Une simple description des symptômes néglige les liens avec l'histoire du sujet et son ressenti personnel.

> **En relation d'aide, les questions de fond seront :** Comment aborder cette personne sans la juger ? Quelle est la nature de sa détresse ? Quels sont ses possibilités et ses appuis ? Comment peut-elle coopérer à l'amélioration de sa situation ? Quels changements internes et externes peut-elle mettre en œuvre ? Où sont ses limites ?

La recherche des causes n'apporte pas toujours l'aide espérée

La relation de cause à effet conduit souvent – même si ce n'est pas intentionnel – à rendre le sujet et ses proches responsables des difficultés rencontrées. La conclusion, à connotation négative, conduit à une impasse sur le plan thérapeutique. La focalisation sur l'origine familiale de la maladie, occulte les apports positifs du soutien qu'apportent par ailleurs les proches au quotidien. C'est pourquoi l'on s'efforce aujourd'hui de décrire la problématique du sujet de façon plus globale sans porter de jugement.

Des personnes sensibles

Marilyn Monroe

Actrice célèbre et sex-symbol, elle connut de profondes angoisses et de nombreux épisodes dépressifs. Elle devint très dépendante des médicaments et mourut d'une overdose.

La princesse Diana

L'inoubliable « Rose d'Angleterre » avait le cœur tendre, elle aimait les gens et n'était pas heureuse face aux obligations de la Cour royale. D'humeur changeante, elle chercha de l'aide auprès de nombreux thérapeutes.

Yves Saint-Laurent

Il fut l'un des plus célèbres créateurs de mode. Doué d'une exceptionnelle créativité, il fut cependant habité par un profond sentiment de solitude. « J'ai la mort pour seule compagne. »

Henri J.-M. Nouwen

Ce professeur, bien connu pour sa contribution à l'étude des spiritualités, a toujours cherché à atteindre les limites du psychisme. Vers l'âge de 50 ans, il renonça à une brillante carrière pour vivre au sein d'une petite communauté de personnes handicapées et partager leur vie.

Vincent Van Gogh

Peu de peintres ont su, aussi bien que lui, saisir la nature avec une telle sensibilité et la traduire sur la toile avec autant d'émotion.

La sensibilité : un don et un fardeau

EXEMPLE

« Je suis sensible », aspects positifs :

- j'ai du tact ;
- je ressens intensément les choses ;
- j'ai une perception fine et une vie intérieure riche ;
- je suis fasciné par la beauté de la nature, l'art, la musique, la poésie, le cinéma et les relations humaines ;
- je ne suis pas indifférent aux souffrances d'autrui ;
- je suis sensible au surnaturel.

« Je suis sensible », aspects négatifs :

- je suis hypersensible ;
- je suis facilement blessé, vulnérable ;
- j'ai tendance à toujours lire entre les lignes ;
- je rumine trop ;
- je suis introverti et timide ;
- je suis craintif ;
- je ne supporte pas le stress, je n'ai aucune réserve ;
- j'atteins vite mes limites ;
- tout m'affecte ;
- je ne sais pas me défendre ;
- je suis parfois tellement emporté par mes émotions que je ne sais plus quoi dire ;

- j'interprète de façon négative le comportement d'autrui ;
- je suis enclin à des réactions excessives ;
- je suis facilement irrité et contrarié ;
- je suis vite épuisé physiquement ;
- j'ai l'estomac noué sous le coup de l'émotion.

DISCUSSION

En groupes de trois ou quatre personnes, cherchez d'autres exemples de ce que peuvent ressentir les personnes sensibles. Quels sont les aspects positifs ? Quels sont les aspects négatifs ?

Vulnérabilité : la cire molle de l'âme

La sensibilité révèle une âme semblable à une cire tendre dans laquelle chaque pression laisse une empreinte et chaque coup une marque profonde ; une âme qui ressent intensément chaque émotion et se révèle vulnérable face à la moindre perturbation.

La vulnérabilité expose à une certaine fragilité. Le risque de voir apparaître des symptômes d'angoisse, des palpitations, des troubles du sommeil en est majoré. En effet, plus le stress est important, plus ces symptômes peuvent se développer rapidement.

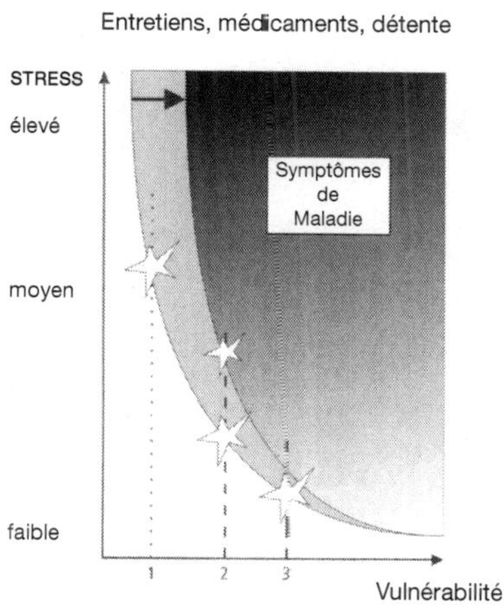

Le repère 1 indique une faible vulnérabilité. Seul un stress important déclenchera des symptômes.

Le repère 3 indique une vulnérabilité (ou sensibilité) élevée : de légers facteurs de stress (un reproche anodin, la crainte face à une exigence) suffisent à générer des symptômes.
Grâce à une médication, un appui dans les situations stressantes, des entretiens de soutien, on peut aider le sujet à repousser les limites de sa vulnérabilité (flèche).
Ainsi protégée, la personne vulnérable peut supporter davantage de stress.

Le repère 2 montre que (dans le cas d'une vulnérabilité moyenne) la personne, soumise à un stress peut connaître une rechute. C'est pour cette raison qu'il est utile d'aider cette personne à repérer son stress et les premiers symptômes qui l'accompagnent pour y faire face.

AIDE À LA PRÉVENTION

La prise en compte de la vulnérabilité du sujet hypersensible est un élément important de son accompagnement et permet la prévention des rechutes.

Les névroses

Aperçu historique

Cullen (1777) fut le premier à utiliser le terme de « névrose » pour désigner l'ensemble des pathologies du système nerveux.

Au XIXe siècle, les appellations varient en lien avec le siège de la maladie : « névrose cardiaque », hystérie (utérus), hypocondrie (estomac, intestin).

On parle plus volontiers aujourd'hui de syndromes psychosomatiques.

Au XXe siècle, sous l'influence considérable de Sigmund Freud, la névrose devient un trouble d'origine psychique ; ses symptômes sont la conséquence immédiate ou l'expression symbolique d'un conflit psychique inconscient dont l'origine est à rechercher dans l'enfance et dans le comportement inadéquat des parents.

Définition des névroses

Les névroses sont des troubles psychiques qui se manifestent par des symptômes spécifiques : angoisse, compulsions, troubles de l'humeur, hypersensibilité, ou par des caractères particuliers tels que l'inhibition, le manque d'assurance personnelle, des conflits intérieurs. Le rapport du patient à la réalité n'est généralement pas affecté. Les troubles cognitifs et émotionnels vont souvent de pair avec des perturbations des fonctions somatiques.

Le comportement ne transgresse généralement pas de façon significative les normes sociales, mais les capacités et les relations personnelles peuvent être perturbées.

Généralement, on observe que :

- sans traitement, les symptômes se manifestent de façon permanente ou occasionnelle ;
- les symptômes ne s'expriment pas uniquement en réaction à un stress passager.

Dans la plupart des névroses, on ne peut pas distinguer de cause organique stricte. Cependant, on peut supposer l'influence de facteurs génétiques et de troubles du métabolisme cérébral (d'après Tölle).

Fréquence

Environ 10 % de la population souffrirait de névrose (selon des statistiques anciennes) et 20 % de troubles de la personnalité.

Ces troubles frappent plus sensiblement les femmes que les hommes.

Milieu social : la fréquence est sensiblement plus élevée dans les populations défavorisées ; les troubles sont moins fréquents dans les couches moyenne et supérieure.

Situation conjugale : on constate une répartition variable des troubles névrotiques et psychotiques selon la situation conjugale : divorcés (18,3 %), veufs et veuves (15,6 %), couples mariés (10,9 %), célibataires (8,8 %).

Dix préjugés fréquents

1. Tout le monde est névrosé d'une façon ou d'une autre.
2. La névrose n'est pas une maladie, mais un mode de comportement inadapté dont le sujet est responsable en fin de compte.
3. Le névrosé trouve un bénéfice secondaire (peut-être inconscient) à ses symptômes.
4. Les névroses naissent dans la petite enfance, en raison d'erreurs commises par les mères en matière d'éducation.
5. Les névrosés ont un problème sexuel qu'ils refoulent.
6. Les névroses frappent davantage les chrétiens en raison de l'influence oppressante de leur foi ou de l'Église.
7. Les personnes névrosées sont incapables de faire quelque chose de bien ou de nouer des relations personnelles satisfaisantes.
8. Les névroses se soignent par la psychothérapie.
9. Si un individu névrosé parvenait à s'affranchir des exigences et des liens de son environnement, il pourrait s'épanouir.
10. Si un chrétien névrosé vivait pleinement sa foi, il pourrait dépasser ses complexes et ses craintes.

Caractéristiques communes aux gens sensibles (ou névrosés)

L'examen des personnes hypersensibles révèle généralement la présence simultanée de six facteurs (voir le schéma p. 22).

Lorsque ces facteurs portent atteinte :

- à la joie de vivre de la personne (à sa capacité de jouissance) ;
- à sa faculté de nouer des relations ;
- à ses capacités ;
- alors sa sensibilité peut être considérée comme pathologique.

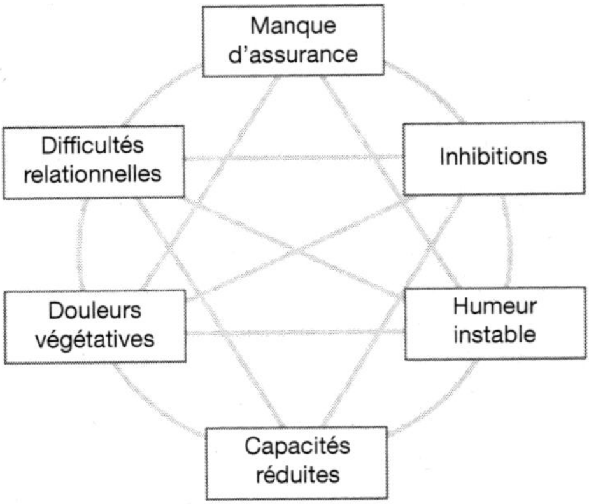
Manque d'assurance
Inhibitions
Humeur instable
Capacités réduites
Douleurs végétatives
Difficultés relationnelles

Le système neurovégétatif

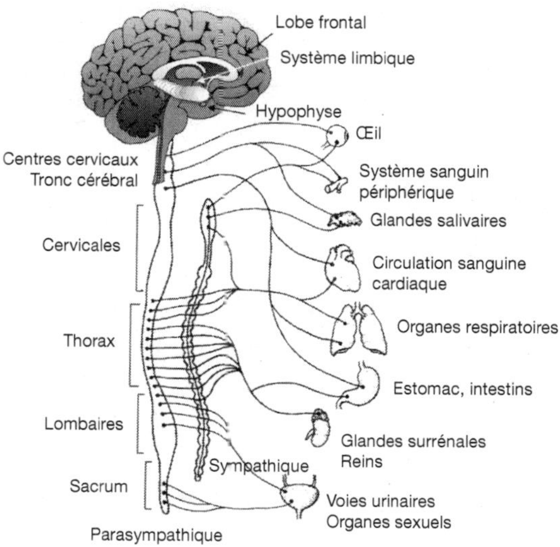

Le système neurovégétatif (ou involontaire) agit sur le système sanguin, les glandes et les organes internes, et régule leurs fonctions grâce aux hormones. L'action du stress est particulièrement importante : le cerveau libère ces hormones de stress dans les glandes surrénales et dans les extrémités nerveuses par l'intermédiaire de l'hypothalamus et de l'hypophyse. Cette décharge hormonale entraîne de brusques changements mais également des troubles durables des différentes fonctions, les **troubles psychosomatiques**.

Les troubles fonctionnels

On appelle troubles fonctionnels des **troubles somatiques sans cause organique**. Le plus souvent, ils se situent au niveau gastrique et intestinal. Ils touchent 15 à 20 % de la population.

Ils peuvent s'exprimer par une indisposition passagère ou de vives douleurs. Ils perturbent sensiblement la qualité de vie et sont une cause assez fréquente d'arrêts de travail.

Les troubles peuvent aussi affecter les relations. Ainsi, celui qui souffre est tellement focalisé sur lui-même qu'il ne peut plus répondre aux besoins et attentes d'autrui. Des douleurs peuvent également apparaître lorsque les relations sont source de tension.

La sensibilité devient pathologique. Il s'ensuit un cycle infernal : les troubles fonctionnels engendrent l'angoisse, voire la dépression qui, à leur tour, génèrent des tensions corporelles et psychiques.

(« J'ai mal partout – je me sens faible, alors même que je ne travaille pas – je ressens un malaise ou des douleurs dans la région du cœur – un poids sur la poitrine – comme si ma tête allait éclater », etc.) On trouve des exemples remarquables de ces symptômes dans certains psaumes.

Troubles fonctionnels gastriques et intestinaux

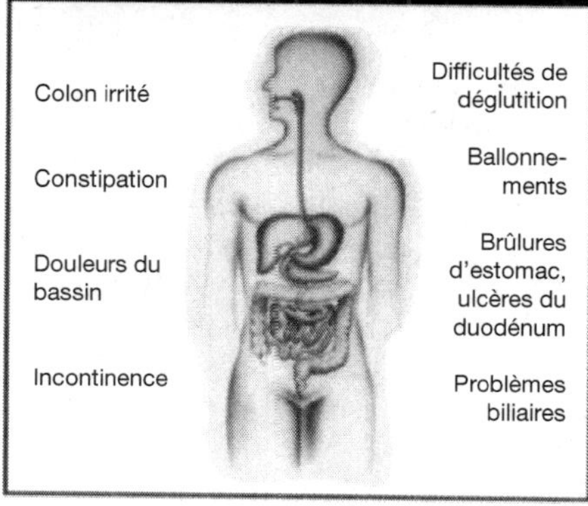

EXEMPLE

« Je me suis récemment disputée avec ma mère. Elle critique sans cesse ma façon d'élever mes enfants. Ses reproches me font mal. Je deviens tendue et ne parviens plus à dormir correctement. Mon estomac se noue et je me sens constamment ballonnée. »

La personne sensible

« La personne sensible » est le titre d'un livre passionnant écrit en 1978 par le professeur et docteur Wolfgang Klages, chef du service de psychiatrie d'Aix-la-Chappelle. Voici quelques-unes de ses réflexions :

Le fonctionnement psychologique des personnes sensibles se situe à mi-chemin entre le normal et le pathologique ; leur comportement sort parfois du cadre de ce que l'on peut attendre d'une personne psychologiquement équilibrée mais sans exprimer cependant une maladie psychique caractérisée.

La sensibilité perceptive

La sensibilité perceptive induit l'expression d'émotions et de réactions fortes (d'après Klages).

L'odorat : l'odeur du linge frais ou de l'hôpital peuvent éveiller une émotion ou des souvenirs qui vont investir toute la personne. On peut parfois entendre dire : « Je ne peux pas le sentir ! » Il existe un lien étroit entre les perceptions sensorielles et les émotions : « Chaque odeur est le titre d'un chapitre de la vie. »

Le goût : « Je ne supporte pas le goût doux et presque amer du miel. Il paralyse ma langue et je le ressens de façon si intense que cela m'importune. » (Proust)

L'ouïe : lorsqu'on souffre d'hypersensibilité, même un faible bruit peut générer un stress insupportable.

La vue : la perception très vive des couleurs et des formes déclenche des associations d'idées en lien avec les couleurs (le rouge et le sang).

Le toucher : ce sens intervient de façon importante lors des contacts relationnels et dans les manifestations de tendresse. Chacun sait faire la différence sur sa peau entre le contact de la soie et celui du tissu éponge.

La synesthésie : les perceptions sensorielles ont des effets interactifs : la peinture de Chagall favorise l'audition de la musique de Bach.

Les peurs réflexes : elles s'expriment par une réactivité excessive au bruit, à la lumière, au toucher.

Autres caractéristiques

La susceptibilité : « À cause d'une parole, il ruminait toute la nuit. » (Proust) En raison d'une susceptibilité exacerbée, les personnes sensibles peuvent être bouleversées par une simple parole maladroite. Elles n'arrivent pas à passer outre et sont, de ce fait, considérées comme rancunières.

La recherche du mot juste : « On ne peut pas rattraper une parole malheureuse. Quand elle a été prononcée, il est trop tard. » Parce qu'il cherche les mots les plus justes, le sujet sensible s'exprime souvent de façon hésitante. Il manque d'assurance et préfère alors se taire.

L'épuisement : les sujets sensibles sont fréquemment fatigables. « En raison de toutes les émotions éprouvées au cours de la journée, je me sens tellement fatigué le soir que je suis heureux de me retirer. Je ne regarde même plus la télévision. Je suis soulagé quand la nuit tombe. »

Les troubles de l'humeur : les personnes sensibles réagissent plus fortement aux provocations en raison de leur susceptibilité. Leur humeur connaît de brusques variations que leur entourage a du mal à comprendre. On les considère souvent comme lunatiques.

Les perceptions physiques sont souvent très intenses et particulières et perturbent le fonctionnement habituel des sens. Ainsi, Franz Kafka ressentait « une tension qui s'exerce le plus souvent sur le côté gauche du crâne (...) comme une lèpre interne. »

La sexualité est vécue comme une expérience profonde mais elle est perturbée par l'incapacité du sujet à se « laisser aller ». Son manque d'assurance et sa timidité peuvent également induire des troubles du comportement sexuel.

Le dégoût : les sujets sensibles éprouvent facilement du dégoût pour l'odeur ou l'aspect extérieur de leurs interlocuteurs. Ils peuvent en ressentir une profonde aversion qui n'est pas fondée sur des éléments objectifs mais perturbe cependant leurs relations.

Les syndromes actuels

Le syndrome de fatigue chronique

Le syndrome de fatigue chronique affecte les fonctions physiques et psychiques et diminue sensiblement les capacités de la personne aussi bien sur le plan professionnel que personnel.

La sensibilité aux intoxications chimiques multiples

Elle concerne des suspicions d'intoxications au plomb occasionnées par les soins dentaires et la pollution électrique de l'environnement (par exemple de Handys).

Le syndrome des maladies professionnelles du bâtiment

Il se traduit par un épuisement lié à l'inhalation de produits toxiques utilisés dans le bâtiment : matériaux de construction, peintures, etc.

La sensibilité paranormale

Les personnes sensibles sont souvent réceptives aux phénomènes parapsychologiques et à l'ésotérisme, même si elles savent garder une distance critique en raison de leur pleine conscience de la réalité. Le pas n'est pas franchi entre une sensibilité particulière aux phénomènes paranormaux et la pratique de la parapsychologie.

EXEMPLE

Une artiste très douée perd sa fille de 31 ans, atteinte d'un cancer. Elle raconte : « *Avant sa mort, nous avons vécu des moments intenses en nous préparant à la séparation. Elle n'est plus là, mais j'ai souvent l'impression de sentir sa présence dans l'appartement, comme si, de manière invisible, son esprit était encore auprès de moi.* »

	ANCIENNE NOMENCLATURE
Troubles dépressifs	Dépression névrotique
Troubles d'angoisse	Névrose d'angoisse Phobies
Troubles compulsifs	Névroses compulsives
Autres formes de névroses	Névrose hystérique Syndrome névrotique de dépersonnalisation Névrose hypocondriaque Troubles des fonctions corporelles d'origine psychique Neurasthénie
Troubles de la personnalité	Pers. paranoïde Pers. schizoïde Pers. sociopathe Pers. irritable Pers. hystérique Pers. anancastique Pers. asthénique Pers. cyclothymique

ICD-10	DSM-IV
Troubles affectifs permanents : Cyclothymie Dysthymie	Troubles affectifs : Trouble de la dysthymie
Troubles phobiques : Agoraphobie avec ou sans trouble panique Phobie sociale Phobie isolée Autres : Trouble panique Trouble d'angoisse généralisée Angoisse et dépression	Troubles d'angoisse : Trouble panique avec ou sans agoraphobie Phobie sociale Stress post-traumatique Trouble d'angoisse généralisée
Troubles compulsifs : • avec idées obsessionnelles • avec actions compulsives	Désordre obsessionnel compulsif
Réactions à des stress importants : Réaction aiguë Troubles réactifs de stress post-traumatique avec dépression et angoisse Troubles dissociatifs (délire) Troubles somatoformes Neurasthénie	Troubles d'adaptation : • avec dépression • avec angoisse Troubles dissociatifs Troubles somatoformes
Pers. paranoïde Pers. schizoïde Pers. asociale Pers. instable sur le plan émotionnel : • de type impulsif • de type borderline Pers. histrionique Pers. compulsive Pers. évitante Pers. dépendante	Pers. paranoïde Pers. schizoïde Pers. schizotypique Pers. antisociale Pers. borderline Pers. histrionique Pers. compulsive Pers. manquant d'assurance Pers. dépendante Pers. passive agressive Pers. narcissique

Nouvelles notions

La psychiatrie s'exprime moins aujourd'hui en termes de névrose, mais les problématiques n'en demeurent pas moins actuelles.

Autres concepts :

- les troubles subcliniques ;
- les dépressions atypiques ;
- les dépressions masquées ;
- le trouble subsyndromal ;
- les désordres de spectre ;
- la dystonie psycho végétative.

Caractéristiques :

- les critères classiques de diagnostic ne sont pas remplis ;
- les symptômes sont limités dans le temps ou isolés, liés à un état dépressif ;
- ils aboutissent à un repli relationnel, au travail ou dans d'autres domaines importants de la vie ;
- on constate l'établissement de relations à forte charge émotive, avec risques de dépendance.

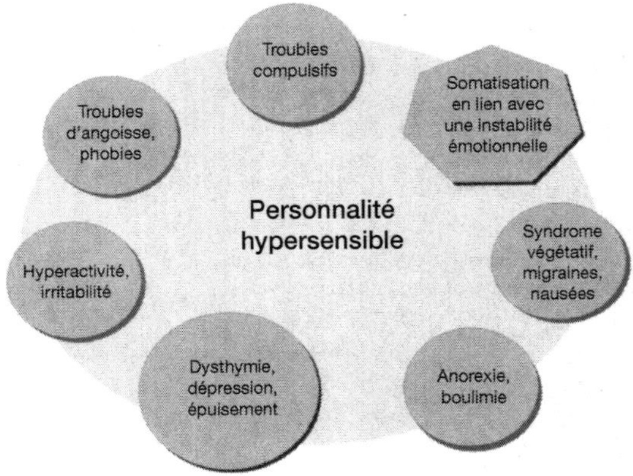

EXEMPLE

La princesse Diana souffrait de nombreux troubles psychiques et psychosomatiques pour lesquels elle consulta de nombreux médecins, psychothérapeutes et autres guérisseurs.

Sa biographie relate d'importants troubles de l'humeur, des épisodes de dépression, des tentatives de suicide, des troubles du comportement alimentaire, des angoisses et une dépendance psychique.

Les troubles du spectre

Des études ont montré qu'un trouble d'angoisse ou une dépression surviennent rarement sous une forme « pure ». Ces pathologies sont presque toujours associées à toute une gamme de problèmes divers. C'est pour cela qu'on parle aujourd'hui de « troubles du spectre ».

Les médicaments traitant la dépression produisent en général conjointement une amélioration des autres troubles du spectre. (Voir : « Qu'apportent les médicaments ? » Page 95.)

Le syndrome sensible et son lien avec les névroses

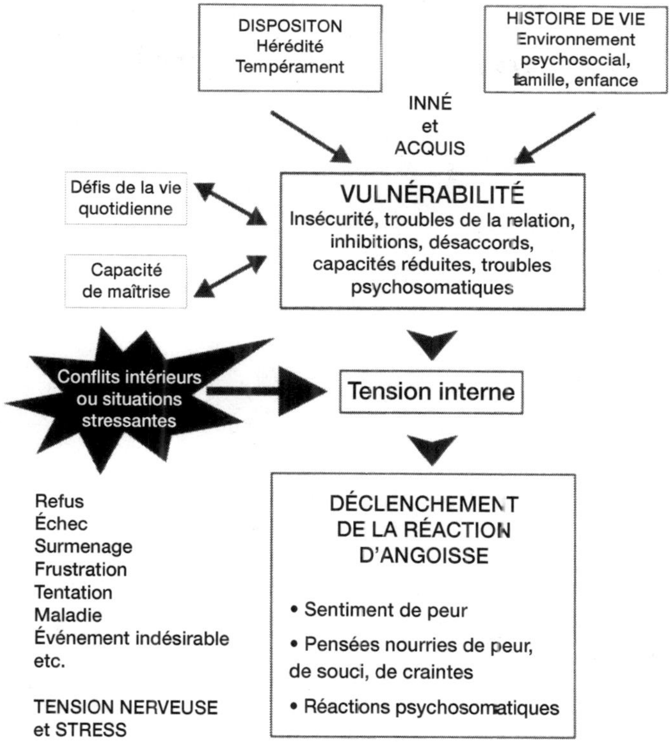

Une fois activées et jusqu'à l'issue de la crise, ces réactions ne sont que partiellement sous le contrôle de la volonté.

Quand la sensibilité devient-elle pathologique ?

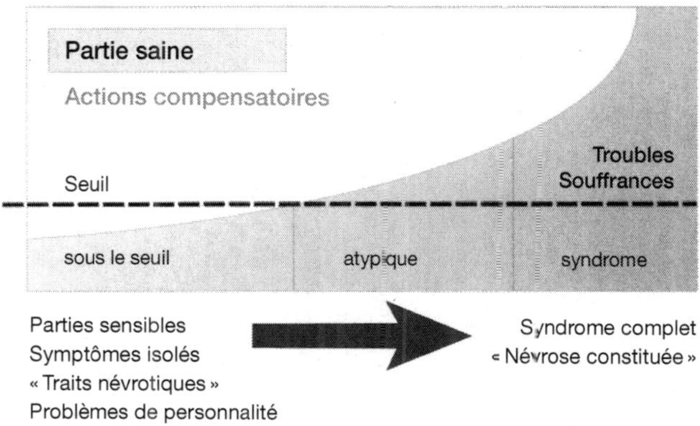

La littérature scientifique évoque la notion de « seuil » (*threshold* en anglais). Tant qu'une personne est en mesure de remplir, par ses propres moyens, les obligations qui lui incombent, elle fonctionne sous le seuil de sa sensibilité.

La sensibilité devient pathologique quand il y a atteinte :

- de la faculté de jouissance ;
- des capacités relationnelles ;
- de la productivité.

Les différentes formes de développement

CRISES AVEC PÉRIODES DE RÉMISSION

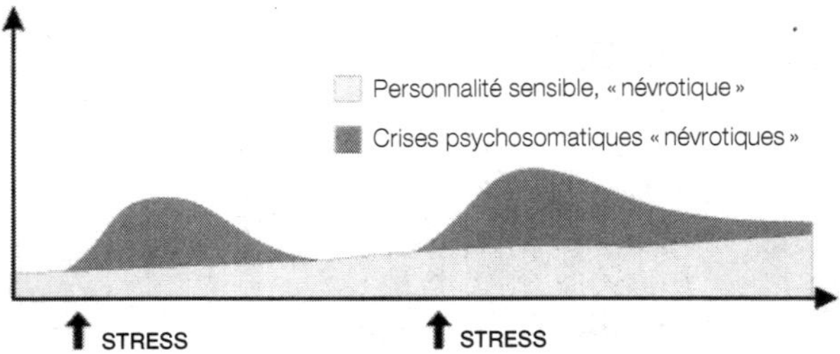

DÉVELOPPEMENT D'UN ÉTAT RÉSIDUEL

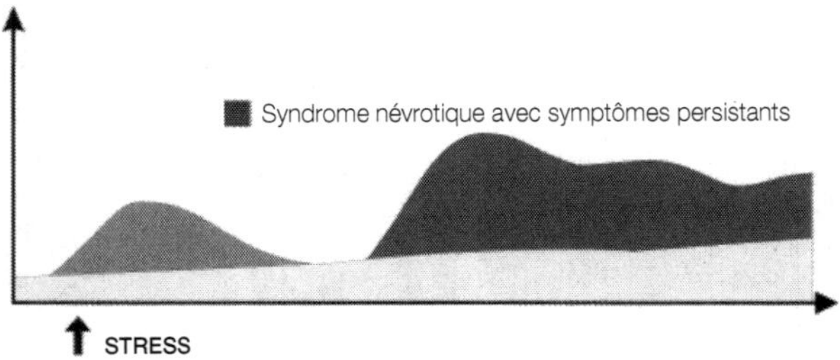

Lorsqu'une personne développe un trouble névrotique, c'est-à-dire lorsque sa sensibilité devient pathologique, on constate les évolutions suivantes :

- dans 20 % des cas, **la guérison survient après un épisode** unique ;
- dans 60 % des cas, **l'amélioration se produit, malgré** des crises multiples, par un nivellement progressif ;
- dans 20 % des cas, la névrose devient **chronique avec une manifestation permanente de symptômes limitant tous les domaines de l'existence.**

La personnalité

Définitions

Les caractéristiques d'une personnalité sont permanentes en ce qui concerne :

- son mode perceptif ;
- son mode relationnel ;
- ses modes de pensée relatifs à soi et l'environnement.

Ces modes – que nous définissons sous le vocable de PERSONNALITÉ – rendent compte, dans leur diversité et leur complexité des façons d'être au monde, de vivre et de tisser des relations.

On parlera également de TEMPÉRAMENT pour définir les traits fondamentaux d'une personnalité. Le tempérament est hérité, mais il se précise sous l'influence des expériences existentielles du sujet. Le CARACTÈRE de chacun est ainsi façonné par la vie.

Les différentes descriptions de la personnalité

Il existe de nombreuses façons de classer les personnalités. Nous n'en donnerons que deux exemples.

A. LA TYPOLOGIE GRECQUE

Elle classe les personnalités en quatre types :

- mélancolique ;
- sanguin ;
- colérique ;
- flegmatique.

Les Grecs rendaient les « humeurs » responsables des différences de caractère. À l'heure actuelle, on évoque de préférence l'influence de facteurs génétiques. Cependant, des recherches récentes confirment le bien-fondé des connaissances établies jadis par les Grecs.

LES TEMPÉRAMENTS	FORCES	FAIBLESSES
SANGUIN	Loquace, extraverti, enthousiaste, chaleureux, agréable, amical, sensible	Velléitaire, agité indiscipliné, excessif, peu fiable, égocentrique, bruyant
MÉLANCOLIQUE	Profond, analytique, sensible, perfectionniste, esthétique, idéaliste, fidèle, prêt au sacrifice	Théoricien, manquant de sens pratique, peu sociable, grincheux, négatif, critique, vindicatif, rigide
COLÉRIQUE	Volontaire, décidé, indépendant, optimiste, pratique, productif, meneur	Dominateur, colérique, cruel, fier, suffisant, insensible, sarcastique
FLEGMATIQUE	Paisible, fiable, conservateur, productif, pratique, diplomate, plein d'humour, meneur	Avare, craintif, indécis, observateur, soucieux de sa propre protection, égoïste, non motivé

B. DESCRIPTION PLURIDIMENSIONNELLE

Les tests actuels de personnalité s'efforcent de décrire l'être humain selon ses différentes dimensions.

On peut citer :

- les douze échelles de l'inventaire de personnalité de Fribourg (FPI) ;
- les dix échelles standard du MMPI (à partir de 550 questions !) ;
- les seize échelles du 16-PF-Test ;
- les cinq dimensions du NEO-FFI.

Les cinq dimensions de la personnalité d'après le NEO-FFI

1. Extraversion ou introversion ;
2. Stabilité ou instabilité émotionnelle ;
3. Degré d'ouverture aux expériences ;

4. Degré de conscience professionnelle ;
5. Niveau d'adaptation (ou comment l'individu se comporte dans son environnement).

Les neuf dimensions du tempérament selon Chess et Thomas

1. Activité ;
2. Régularité ;
3. Proximité ou distance ;
4. Adaptabilité ;
5. Seuil sensoriel ;
6. Intensité des réactions ;
7. Humeur ;
8. Concentration ;
9. Persévérance dans l'attention.

Trois types de personnalité :

1. **Naturelle (easy) ;**
2. **Lent à la détente (*slow to warm up*) ;**
3. **Difficile (difficult) :** elle se caractérise par des fonctions biologiques instables, une réaction de retrait face aux nouvelles situations ou personnes, une adaptation lente aux changements, des réactions intenses, une humeur généralement négative, une alimentation et un sommeil déréglés.

On fera la différence entre un sujet qui éprouve des difficultés à s'exprimer dans un environnement étranger ou un sujet timide même dans son environnement habituel.

Êtes-vous névrosé ?

OUI	NON	
❍	❍	• Avez-vous beaucoup de mal à accepter une réponse négative à vos demandes ?
❍	❍	• Votre humeur est-elle changeante ?
❍	❍	• Vous sentez-vous parfois misérable sans raison ?
❍	❍	• Vous sentez-vous subitement timide lorsque vous devez vous adressez à un étranger qui vous attire ?
❍	❍	• Ruminez-vous souvent à propos de choses que vous n'auriez pas dû dire ou faire ?
❍	❍	• Êtes-vous facilement blessé ?
❍	❍	• Êtes-vous parfois débordant d'énergie, parfois, très indolent ?
❍	❍	• Vous égarez-vous souvent dans des rêves éveillés ?
❍	❍	• Éprouvez-vous souvent de la culpabilité ?
❍	❍	• Vous sentez-vous intérieurement tendu et susceptible ?
❍	❍	• Lorsque vous venez d'accomplir quelque chose d'important, avez-vous souvent le sentiment que vous auriez pu mieux faire ?
❍	❍	• Votre esprit est-il tellement assailli de pensées que vous ne trouvez pas le sommeil ?
❍	❍	• Avez-vous souvent des palpitations ou de la tachycardie ?
❍	❍	• Ressentez-vous des frissons ou des tremblements ?
❍	❍	• Perdez-vous facilement votre sang-froid ?
❍	❍	• Vous inquiétez-vous pour les choses terribles qui pourraient peut-être arriver ?
❍	❍	• Faites-vous souvent des cauchemars ?
❍	❍	• Êtes-vous souvent la proie de souffrances et de douleurs ?

❍ ❍ • Vous considérez-vous comme une personne nerveuse ?

❍ ❍ • Êtes-vous facilement vexé lorsque d'autres vous critiquent ou critiquent votre travail ?

❍ ❍ • Souffrez-vous d'un complexe d'infériorité ?

❍ ❍ • Vous souciez-vous de votre santé ?

❍ ❍ • Souffrez-vous d'insomnie ?

D'après le questionnaire de Eysenck

Le rôle de l'enfance

Dans le schéma de la page 35, l'enfance est considérée comme un élément parmi d'autres de l'« environnement psychosocial ». En effet, l'enfance ne suffit pas à elle seule à expliquer le développement ultérieur de peurs, inhibitions et dépressions même si cette période marque profondément l'avenir de la personne. Si l'enfant se sent en sécurité, s'il est bien pris en charge, il aura confiance en lui et disposera d'une assurance personnelle solide.

Par contre, s'il manque d'amour, s'il se sent rejeté et dévalorisé, il peut en garder de profondes blessures psychiques, notamment s'il est d'une nature particulièrement sensible. Il est cependant fréquent de rencontrer des personnes hypersensibles ou névrosées ayant connu une enfance heureuse et sans traumatismes particuliers. Il faut donc rester très prudent avant d'affirmer que s'« il est névrosé, c'est la faute de sa mère ! »

LITTÉRATURE :

Évaluation psychologique des enfants avec déficiences ou troubles du comportement, Catherine Tourrette, Dunod, 2006.

Examen psychologique de l'enfant à la période de latence, Rosine Debray, Dunod, 2000.

SIMON EST TRÈS SENSIBLE

« Simon est en échec à l'école primaire. La psychologue scolaire remarque sa sensibilité profonde. De petites dissensions provoquent chez lui des migraines et des crises d'asthme. Pour être attentif en classe, il a besoin que la journée soit bien structurée, avec une vraie pause au moment du déjeuner et un encadrement attentif de ses activités. Ses cours de musique lui apportent beaucoup ; jouer du piano lui permet de décharger son stress.

La psychologie scolaire en conclue que le système scolaire classique proposé par l'école publique ne convient pas à Simon. Ses parents l'inscrivent alors dans une école privée aux rythmes plus adaptés et constatent rapidement une amélioration sensible de la situation. »

(Coupure de journal)

LES DIFFÉRENCES PRÉCOCES

Des études ont montré que, **dès les premiers jours**, les nouveau-nés présentent des réactions comportementales différentes face à de nouveaux stimuli tels que l'addition de sucre dans l'eau du biberon par exemple. À l'âge de deux ans, les enfants qui avaient réagi le plus vivement à l'expérience se révélèrent être les plus sensibles du groupe.

Les **enfants inhibés** développent des réactions plus intenses au niveau du système nerveux limbique et sympathique que les enfants très ouverts. Dès l'âge de trois ans, ils se tiennent à l'écart de ce qui ne leur est pas familier. Ils réagissent aux situations nouvelles par l'évitement, le mutisme et parfois même les pleurs.

Les enfants extravertis disposent d'un mode de réactions physiologiques qui leur facilite la vie. Détendus et curieux face à la nouveauté, ils abordent l'existence de façon plus spontanée.

LITTÉRATURE :

Examen psychologique des très jeunes enfants,
Tourrette Catherine, Dunod, 2001.

Les troubles de la personnalité

Définition

Les sujets atteints de troubles de la personnalité présentent les symptômes suivants :

- un manque d'équilibre significatif des attitudes et des comportements relatifs à l'expression des sentiments, la motivation, l'impulsivité, les perceptions et représentations, les relations à autrui ; ce mode comportemental est permanent et ne se limite pas à des épisodes particuliers de perturbation psychique ;
- il est profondément ancré et manifestement inadapté dans de nombreuses situations et relations ;
- les troubles apparaissent dans l'enfance ou l'adolescence et persistent à l'âge adulte ;
- ils provoquent, parfois plus tardivement, un mal-être subjectif significatif ;
- ils s'accompagnent le plus souvent d'une baisse de potentiel professionnel et relationnel, ou exige de la personne un investissement très important pour faire face à ses obligations.

REMARQUES

1. Les troubles de la personnalité ne sont plus assimilés aujourd'hui aux névroses au sens strict, mais on ne peut pas toujours distinguer leurs symptômes respectifs de façon absolue. On peut observer un glissement des uns vers les autres.

2. Les mots clés servent à décrire, non à évaluer. Il arrive souvent que les causes premières des troubles ne soient pas connues, même si l'histoire du sujet permet de mieux comprendre ses comportements et ses réactions.

3. La typologie n'enferme pas le sujet dans une situation sans espoir : « Je suis ainsi fait ! » Dans certains cas favorables, la maturation, le traitement comportemental des modes de réaction inadaptés et la relation d'aide modifient positivement l'expression de la personnalité. Dans de nombreux cas cependant, il faut aider le sujet à vivre plus sereinement et efficacement avec les limites que sa personnalité lui impose.

La typologie des troubles de la personnalité

La personnalité paranoïde :

- la personne est particulièrement sensible à l'échec et au sentiment d'humiliation ;
- elle interprète comme hostiles ou méprisants des agissements neutres et amicaux ;
- elle est toujours prête à se battre pour le « droit » et la « justice » ; elle a un sentiment exagéré de sa propre valeur mais se sent paradoxalement constamment humiliée et exploitée.

Synonyme : personnalité fanatique ou procédurière.

La personnalité schizoïde :

- la personne se tient de façon manifeste à l'écart des contacts relationnels et affectifs ;
- dans une posture de type autistique, elle privilégie les fantasmes et l'introspection ;
- son comportement est excentrique ;
- elle évite les mises en situation de concurrence ;
- elle agit froidement et se tient sur la réserve.

La personnalité schizotypique :

- la personne établit des relations imaginaires (sans être délirante) et entretient des illusions ; elle a recours à la pensée magique et perçoit les choses de façon inhabituelle ;
- en raison d'une forte appréhension relationnelle, elle n'a pas d'amis proches ou de personnes de confiance ;
- ses comportements et son apparence sont souvent étranges et excentriques.

La personnalité antisociale :

- elle est incapable d'exercer longtemps une activité ;
- elle manque d'adaptation aux conventions sociales. Elle se montre peu responsable et sa perception de la vérité est incertaine ;
- elle manque de recul ;
- souvent irritable et agressive, elle exprime sa violence de façon excessive mais avec froideur et sans le moindre remords ;
- impulsive, elle tolère mal la frustration.

Synonyme : personnalité asociale, sociopathe.

La personnalité borderline :

On l'appelle aussi : « personnalité instable sur le plan émotionnel » :

- la personne a peur de la solitude ;
- ses relations personnelles sont instables : « Je te déteste, ne m'abandonne pas ! » ;
- d'humeur très changeante, impulsive, elle exprime fréquemment des idées de suicide et se livre à des comportements d'automutilation ;
- elle éprouve un sentiment chronique de vide.

Remarque : un livret est consacré à ce thème.

La personnalité histrionique :

- elle aspire avec nostalgie à la reconnaissance et à l'attention d'autrui ;
- elle se veut à l'excès attrayante et séductrice ;
- elle exprime ses sentiments sans mesure ;
- ses affections sont versatiles et superficielles ;
- son immaturité sexuelle la confine à la frigidité ou à des aspirations sexuelles inconsidérées ;
- sous l'effet du stress, elle peut développer des symptômes de conversion (paralysie, mutisme, etc.)

Synonyme : personnalité hystérique ou infantile (immature).

La personnalité narcissique :

- la personne s'exprime selon un mode de magnificence et éprouve des difficultés à entendre le point de vue d'autrui ;
- facilement blessée, elle réagit à la critique par la colère, la honte ou l'humiliation ;
- elle utilise ses relations pour son propre intérêt ;
- elle a une conscience exagérée de sa propre valeur ;
- elle estime que ses problèmes sont tout à fait singuliers ;
- elle attend et exige beaucoup d'autrui.

La personnalité manquant d'assurance :

- la personne est facilement blessée par la critique ou le rejet ;
- elle n'entre en relation que lorsqu'elle est assurée d'être bien acceptée ;
- en société, elle se tient souvent à l'écart par crainte que ses propos soient jugés inconvenants ou stupides ou pour éviter qu'on lui pose une question à laquelle elle ne saurait répondre ;

- elle craint d'être ridicule face à autrui ;
- elle développe souvent des symptômes végétatifs face à ses obligations sociales.

La personnalité dépendante :

- la personne se montre incapable de prendre des décisions sans demander constamment l'avis d'autrui ;
- elle prend peu d'initiatives, elle manque d'énergie et se montre peu réactive pour relever les défis du quotidien ;
- dépendante des autres, elle se plie à leurs exigences ;
- elle évite les situations de solitude où elle se sent mal à l'aise et désemparée ;
- elle est peu disposée à se réjouir.

Synonyme : personnalité asthénique, inadaptée.

La personnalité compulsive :

- la personne manque d'assurance, doute d'elle-même et ressent fortement sa propre imperfection ;
- obstinée, prudente, minutieuse à l'excès, perfectionniste, elle aime tout contrôler ;
- elle est passionnée par les collections ;
- elle fait preuve de rigidité spirituelle et de doutes constants.

Remarque : le lecteur peut se référer au livret *Compulsion et doute*.

La personnalité passive-agressive :

- la personne manifeste une résistance passive face aux exigences raisonnables de la vie professionnelle et privée ;
- elle remet constamment son travail à plus tard sans respect des délais ;

- elle manifeste sa mauvaise humeur et son irritation quand on la soumet à une exigence contraire à sa volonté ;
- elle se croit supérieure et dénigre les efforts d'autrui.

Remarque :
Les descriptions ci-dessus se réfèrent au DSM-IV (Manuel diagnostique et statistique des troubles mentaux).

EXERCICE
Dans des groupes d'environ quatre personnes, demandez aux participants comment ils ont perçu les effets d'un comportement inadapté.

Comment ces comportements ont influencé leurs relations ? Comment sont-ils entrés en contact ?

Approche biblique des troubles de la personnalité

La Bible n'est pas un manuel de psychopathologie. C'est pourquoi elle ne propose pas de descriptions précises des troubles de la personnalité. Cependant, de nombreux récits évoquent les difficultés de certains personnages bibliques à vivre en communauté en raison de leur comportement ou de leurs dispositions caractérielles fondamentales :

- avec une conscience faible (Romains 14 ; 1 Corinthiens 8:10)
- abattus (1 Thessaloniciens 5:14)
- marqués au fer rouge dans leur conscience (1 Timothée 4:2)

LITTÉRATURE :

Les Grands Personnages de la Bible, Denimal Eric, First, 2006.
Ils ont vu Jésus, 50 personnages de la Bible, De Chalendar Xavier, Salvator, 2008.

EXERCICE

En groupes d'environ quatre personnes ; après lecture des passages bibliques ci-dessus, trouver les liens que l'on peut établir avec les troubles de la personnalité évoqués précédemment. Chercher d'autres personnages de la Bible présentant un comportement inadapté.

RECOMMANDATIONS POUR LE TRAITEMENT DES TROUBLES DE LA PERSONNALITÉ

(D'après Andreasen)

1. Certains individus présentant des troubles de la personnalité peuvent se montrer difficiles. Soyez attentifs à leurs réactions.

2. Les sujets souffrent depuis longtemps et leur thérapie sera longue. Comprendre et modifier leurs comportements restera difficile.

3. Posez des limites. Vous n'êtes ni l'ami ni le collègue de votre patient, mais son thérapeute.

4. Établissez un cadre de travail avec des rendez-vous et des objectifs clairs. Fixez les règles que vous appliquerez en cas de crise.

5. Gardez-vous de l'illusion de pouvoir « sauver » votre patient. Si votre patient a déjà consulté d'autres thérapeutes, sans succès, pourquoi feriez-vous exception à tout prix ?

6. Cherchez l'appui de collègues et le soutien d'une supervision.

Style de vie et style de foi

	APPROCHE DE LA FOI	STYLE RELIGIEUX	COMPORTEMENT COMMUNAUTAIRE
La personnalité schizoïde narcissique	La personne éprouve un sentiment de distance vis-à-vis de Dieu ; elle a peur de la dépendance et du don de soi ; elle refuse la remise en question.	Elle souffre d'un excès de distance : « Moi et les autres » ; autocentrée, elle est étrangère au monde et à la réalité avec une inclination forte pour les rêveries et le mysticisme.	Elle fait preuve d'une sensibilité exacerbée, sans compassion pour autrui ; distante, peu accessible, elle se sent vite menacée.
La personnalité dépressive angoissée	Ses relations avec Dieu sont marquées par la peur du jugement de Dieu et des hommes ; elle éprouve des sentiments de culpabilité et des complexes d'infériorité. Elle a une image négative de Dieu.	Elle joue le rôle de martyr et se positionne en victime face à Dieu et aux hommes. Par manque d'assurance et en raison de ses peurs, elle dresse un mur de protection contre l'extérieur.	Mélancolique, pessimiste, triste, à l'écart, elle manque d'énergie et doute d'elle-même et se montre « collante » par inhibition ou par dépendance.
La personnalité compulsive	Ses relations à Dieu sont rigides ; elle a peur des changements et du non-respect des règles ; elle incline aux doutes et à la rêverie.	Son légalisme attente à sa liberté ; elle trouve sa sécurité dans les règles rigides et les rites.	Elle manque de capacité d'adaptation et impose ses règles à autrui ; par manque d'assurance, elle a besoin d'avoir toujours raison.
Personnalité hystérique	Ses relations avec Dieu sont instables ; elle a peur de ce qui lui est imposé, du définitif ; elle préfère ce qui reste superficiel.	Elle dramatise en étant excessive dans ses sentiments et son expression ; sa foi dépend fortement de ce qu'elle ressent.	Elle a tendance à se mettre en valeur et attend beaucoup des autres ; elle joue volontiers le rôle de prophète ou s'installe dans une dépendance dramatique.

Remarque :

Les types de personnalité et leurs rapports avec la foi ne sont que des modèles. On constate souvent des ponts et des similitudes entre ces différents types. Ces indications peuvent cependant se révéler utiles pour mieux comprendre les personnes sensibles atteintes de troubles de la personnalité.

La gestion des conflits

EXEMPLE

Une institutrice d'école maternelle raconte : *« Ma profession représente beaucoup pour moi mais je viens de faire la connaissance d'un homme et, si je l'épouse, je devrai déménager et abandonner mon poste ! Je crains de ne pouvoir le faire. Comment me décider ? Je vis une telle tension que je ne profite pas pleinement de nos rencontres. »*

Qu'est-ce qu'un conflit ?

Lorsque deux aspirations d'importance vitale s'opposent ou sont incompatibles et que le sujet concerné doit prendre une décision, il se trouve en conflit. Cette situation peut générer une forte anxiété. Les conflits n'opposent pas seulement les contraintes intérieures aux contraintes extérieures, le désir personnel à l'ordre imposé, ils peuvent aussi naître de tensions intérieures (« Deux âmes cohabitent en moi »).

Certaines aspirations sont non seulement contradictoires, mais irréalisables dans un même mouvement. Le conflit peut alors naître de la **frustration**, c'est-à-dire de la non satisfaction d'une des deux aspirations considérées comme vitales. Comment alors le gérer ? En apprenant à tolérer la frustration ? Par la résignation ? Par l'agression ?

Les conflits résultent souvent aussi d'une sollicitation pulsionnelle : le sujet éprouve un désir puissant d'exprimer et de satisfaire son besoin, malgré la réprobation de son entourage et même s'il doit, pour ce faire, renoncer à des valeurs auxquelles il est habituellement attaché.

L'auteur Chaim Potok illustre le conflit intérieur par l'histoire fascinante d'un jeune juif. D'un côté, Asher aimerait rester fidèle à la foi et aux pratiques de ses parents, mais, par ailleurs, il ressent le besoin d'exprimer ses émotions par la peinture, ce que les Chassidim interdisent.

Aspirations vitales susceptibles de générer des conflits :

- besoin de proximité et d'amour ;
- besoin d'être reconnu et apprécié ;
- désir d'être entouré et protégé ;
- désirs et besoins sexuels ;
- pulsions agressives ;
- volonté de puissance ;
- désir de jouissance, de possession, de connaissance.

LITTÉRATURE :
Les conflits : origines, évolutions, dépassements, Jacques et Claire Poujol, Empreinte temps présent, 1989.

Le moi, le ça et le sur-moi

Souvent, la personne (le *Moi*) se sent tiraillée entre des désirs, des besoins, des pulsions et des tentations fondamentales (le *Ça*) qui s'opposent à l'idéal que la personne s'est forgé pour sa vie (le *Moi Idéal* ou *Sur-moi*).

Cette tension déclenche une angoisse avec tous les symptômes qui l'accompagnent. Deux peurs sont particulièrement dominantes : la peur du rejet et la peur de l'échec (voir la figure 1, page 67).

La peur, un obstacle sur la voie de la guérison

La pyramide des besoins selon Abraham Maslow

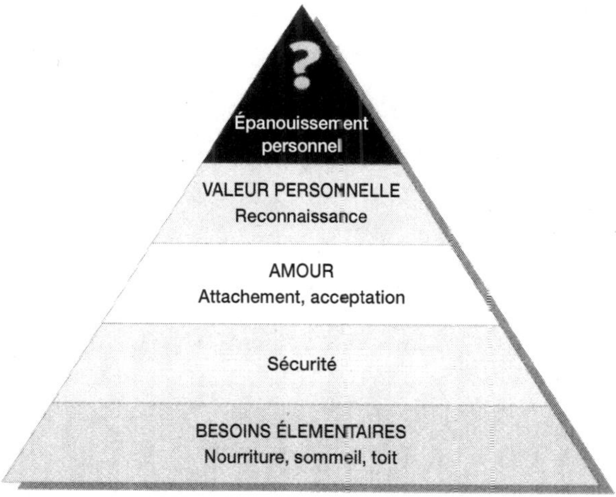

Figure 1 : L'être humain est aux prises avec deux angoisses fondamentales en lien avec ses besoins primaires :

- PEUR DE LA DÉVALORISATION ET DE L'ÉCHEC ;
- PEUR DE NE PAS ETRE AIMÉ ET D'ÊTRE REJETÉ.

Figure 2 : La flèche indique le chemin pour atteindre un objectif (se rendre seul à une invitation par exemple). Mais après quelques pas, l'angoisse envahit peu à peu le sujet et prend une telle intensité (ligne en pointillés gras) que celui-ci préfère renoncer à son projet. La ligne pointillée montre que, par la détente ou avec l'aide de médicaments, la peur peut être maîtrisée ce qui permettra au sujet d'atteindre son but.

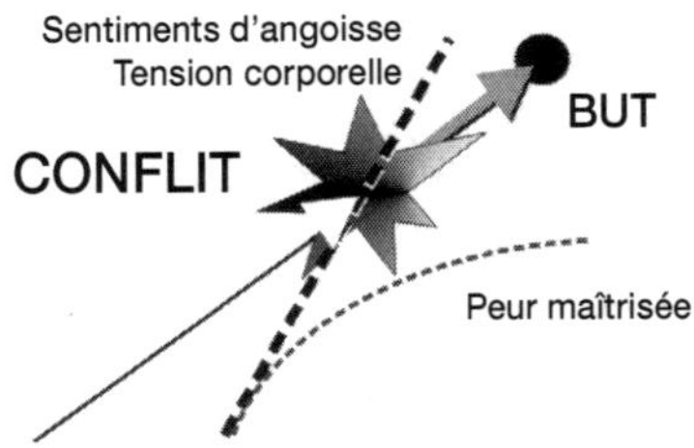

Figure 3 : *« Cela ne peut pas m'arriver ! »*

Lorsque le sujet ne peut pas atteindre directement son objectif, il tente de contourner l'obstacle. Par ce moyen, à caractère défensif, il lutte contre sa peur de l'abandon ou de l'échec. Cependant, cet évitement peut générer de nouveaux problèmes: ruptures de contact avec des collaborateurs, opportunités manquées de progrès professionnels par exemple.

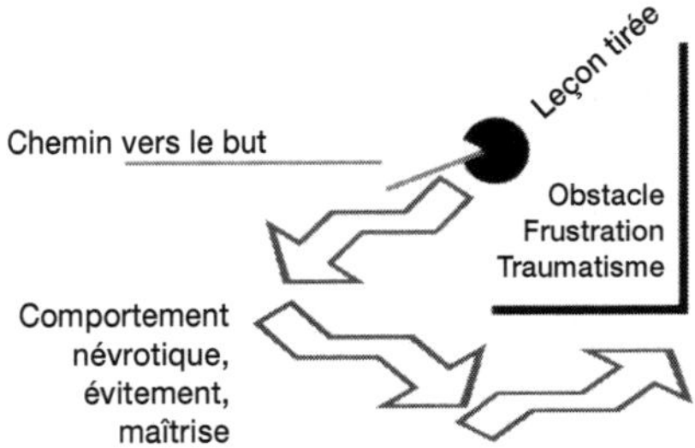

Mécanismes de défense et dépassement

Le dépassement des conflits

Le dépassement du conflit, lorsqu'il concerne des expériences, des blessures et des situations conflictuelles complexes nécessite de faire preuve d'une grande maturité.

Le sujet y parviendra quand il sera en mesure de reconnaître la réalité telle qu'elle est. Il ne cherchera plus alors à nier le problème mais à le traiter de façon rationnelle et objective par :

- une solution créative ;
- le renoncement ;
- en imposant son point de vue ;
- l'humour ;
- la foi et l'amour du prochain.

Les mécanismes de défense

Ils permettent aux personnes sensibles et angoissées d'atténuer leur crainte du rejet ou de l'échec. Les mécanismes de défense constituent pour ainsi dire le « système immunitaire de l'âme ».

EXEMPLES

- le report : « si le travail n'est pas terminé, c'est la faute de la machine à écrire » ;
- la sublimation : les pulsions trop primaires sont remplacées par d'autres activités « plus nobles » ;
- le refoulement : des aspirations et des émotions sont chassées de la conscience ;
- le déni : la portée ou la gravité d'une maladie ou d'un événement ne sont pas reconnues ;
- l'isolement, la dissociation : la personne dissocie des sentiments contradictoires ou ses aspirations et ses comportements ;
- le retournement en sentiment contraire : une attention excessive est portée à un enfant qu'au fond de soi on rejette ;
- la projection : on attribue à l'autre ses propres problèmes ;
- l'identification : sans prise de conscience de ses propres besoins insatisfaits.

Remarques :

1. Il ne faut pas systématiquement juger négativement les mécanismes de défense. Ils sont souvent le seul moyen dont le sujet dispose pour survivre lors de conflits intérieurs puissants. Les mécanismes de défense agissent comme un char de guerre : il protège ses occupants contre l'ennemi, même s'ils les rend moins mobiles.

2. Sur le plan thérapeutique, la mise en lumière du système de défense n'est pas souhaitable lorsque :

- la personne concernée dispose d'un Moi fragile ;
- les émotions et les angoisses qu'elle provoque ne sont pas accompagnées ;
- la prise de conscience du conflit génère d'autres conflits ;

3. La gestion des conflits intrapsychiques nécessite une relation durable et confiante avec un thérapeute.

Fuir dans l'imaginaire

Ce serait, selon Klages, le mode de fuite le plus courant des personnes sensibles. Il existe trois modes d'expression de l'imaginaire : l'imagination créative, l'imagination de l'enfant qui joue, les attentes et appréhensions anxieuses. « Grâce à l'imaginaire, le sujet sort du champ de la psychologie ordinaire en se construisant des mondes puissants où il joue le rôle d'acteur principal. Il peut alors réaliser les désirs auxquels il doit renoncer dans la vie. »

Un masque de grands principes

La sensibilité se cache derrière un masque de force, d'indépendance et de supériorité. « Enlever le masque conduirait à l'effondrement. » (Klages)

L'émigration intérieure

a. Le sujet est résigné et amer : découragé, passif, il souffre et se retranche dans le silence.

b. Le sujet fait le choix de la solitude : celle des intellectuels à l'abri dans leur tour d'ivoire.

Les troubles sexuels et leurs causes

Il n'existe probablement aucun domaine de l'existence où les interactions du corps et de l'âme, des hormones et de la pensée ne soient aussi intimement liées que dans la sexualité. Il n'est donc pas étonnant que les conflits psychiques, les craintes et les inhibitions qui affectent plus particulièrement les personnes hypersensibles aient des répercussions sur leur sexualité. Le diagramme page suivante montre les facteurs susceptibles d'induire des troubles sexuels.

Facteurs de personnalité, organiques et psycho végétatifs

Biographie, sens des valeurs

Facteurs organiques
Rares chez le sujet jeune
Plus fréquents chez l'adulte
Médicaments !

Névroses
Instabilité végétative
Perturbation cognitive
Tendance à l'angoisse

Personnalité
Identité sexuelle
Sentiment de sa propre valeur
Capacité à donner du sens

Sens des valeurs
Représentations acquises des comportements masculin/féminin
Stabilité émotionnelle au cours de l'enfance/à la maison
Abus sexuels ?
Approche de la sexualité dans l'environnement (famille, collègues, école, télévision, communauté religieuse)
« Tendances actuelles »

Processus d'apprentissage
Expériences sexuelles personnelles
Vécu affectif dans la relation conjugale

Dynamique de couple
Développement au sein du couple
Stabilité émotionnelle ? Maturité ?
Communication ? Facteurs de stress ?

Acte sexuel
Confiance ? Stress ? Tension ?
Prêt à l'acte ?
Préliminaires tendres ?
Sentiment d'épanouissement ? Dévalorisation ?

Facteurs de situation

L'angoisse et la panique

Les personnes sensibles sont plus sujettes à l'angoisse. Elle s'exprime par différentes combinaisons de symptômes physiques ou psychiques et peut être sans lien avec un danger réel ; l'angoisse peut apparaître soudainement ou s'installer de façon plus durable. Elle est généralement diffuse et peut évoluer en attaques de panique.

Troubles paniques et agoraphobies

La personne est saisie d'un fort sentiment d'angoisse sans rapport direct avec une situation qui l'aurait déclenché. La peur s'accompagne de signes végétatifs. (Voir : « Le système neurovégétatif», page 23) L'agoraphobie exprime la peur de se trouver dans des lieux ou des situations d'où il pourrait être difficile pour elle de s'échapper. Elle craint de ne pouvoir trouver de l'aide en cas d'attaque de panique ou d'angoisse forte (lorsqu'elle doit attendre son tour dans un magasin, dans l'ascenseur, dans le train, mais également au théâtre). L'angoisse pousse la personne à éviter de nombreuses situations (sortir de la maison, s'engager dans la foule ; voyager en voiture, en train, en avion, traverser un pont, prendre l'ascenseur, etc.) ou à demander l'aide d'un accompagnateur.

Angoisse généralisée

La personne éprouve des angoisses et une inquiétude irréalistes ou démesurées face aux évènements de l'existence (peur qu'il arrive quelque chose de fâcheux à un enfant, alors qu'il ne court aucun danger ; soucis d'argent infondés). Ces craintes la préoccupent pendant une période d'au moins six mois. Les symptômes végétatifs habituels s'accompagnent de symptômes plus spécifiques tels qu'une tension constante, des réactions de peur exagérées, des difficultés de concentration, un sentiment de « tête vide », de « trou noir », des difficultés d'endormissement, de l'insomnie, de l'irritabilité.

Phobie « simple »

La personne est angoissée face à certaines situations ou par certains objets (phobie des araignées, des chiens et des chats, peur de la vue du sang, etc.) La confrontation avec le déclencheur provoque immédiatement chez elle une peur violente et excessive. La personne tentera donc d'éviter de telles situations ou les subira avec beaucoup d'angoisse et de tension tout en reconnaissant que sa peur est exagérée et déraisonnable. Parce qu'elle perturbe le déroulement normal de l'existence, les activités et les relations sociales, la peur provoque chez la personne un mal-être important.

Phobie sociale

La personne éprouve une angoisse importante, durable, face à une situation sociale ou face à une performance à réaliser (se trouver au centre de l'attention d'autrui, parler en public). Lorsqu'elle se trouve confrontée à d'autres personnes qui pourraient la juger, elle redoute de se trouver humiliée ou embarrassée.

La confrontation avec la situation redoutée appelle presque toujours une réaction de peur puissante, exagérée et irrationnelle. La personne évite la situation ou la supporte avec une peur intense ou un grand malaise. Le comportement d'évitement, l'attente anxieuse ou le malaise éprouvé influencent sensiblement le cours normal de l'existence, les activités professionnelles (ou scolaires), sociales et relationnelles. La phobie provoque chez la personne un mal-être important.

États de stress post-traumatique

La personne a vécu un événement exceptionnel susceptible de générer un stress important de manière générale (un viol, une attaque, le fait d'être témoin d'une mort brutale, la destruction de sa propre maison, une guerre, la torture). Cet événement revient à sa conscience de différentes manières : souvenirs récurrents et envahissants ; rêves répétitifs ; impression subjective soudaine que l'événement va se reproduire (flash-back) ; souffrance psychique importante lorsque des événements ou des dates rappellent l'épisode traumatique. On observe un évitement persistant des situations et activités liées au traumatisme qui s'exprime par le refoulement, l'oubli de détails particuliers (amnésie psychogène), un sentiment de détachement, une restriction des affects (notamment par une inhibition des émotions agréables), une perte d'intérêt pour l'avenir ; « plus rien n'a de sens désormais ». Le système végétatif est stimulé de façon continue entraînant des troubles du sommeil, de l'irritabilité, des difficultés de concentration, un état de « qui-vive » (hyper vigilance), une angoisse durable, des symptômes somatiques d'origine végétative.

Autres informations

Le thème de l'angoisse fait l'objet d'un livret dans la série « Relation d'aide et psychiatrie ». Le lecteur y trouvera également une bibliographie.

L'hypersensibilité

Des études ont révélé que les premiers symptômes de panique, même s'il ne s'agit pas encore d'un trouble pleinement défini, peuvent générer une hypersensibilité avec :

- DES SYMPTÔMES DE PANIQUE ;
- UNE ATTENTE ANGOISSÉE de nouveaux symptômes ;
- UN ÉVITEMENT CRAINTIF des situations susceptibles de déclencher ces symptômes ;
- LE BESOIN CONSTANT D'ÊTRE APPROUVÉ : besoin de confirmation, de consolation, d'encouragement ;
- UNE HYPERSENSIBILITÉ À CERTAINES SUBSTANCES, telles que le café ;
- UNE SENSIBILITÉ GÉNÉRALE AU STRESS : toute surcharge, toute mauvaise nouvelle provoque une tension psychique ;
- UNE HYPERSENSIBILITÉ AU RISQUE DE SÉPARATION : la personne est très dépendante d'autrui. En cas de menace de séparation, elle éprouve une angoisse très forte.

La dysthymie (ou dépression névrotique)

Définition

ICD-10 : le sujet présente une humeur dépressive légère qui dure depuis au moins deux ans (avec de brefs épisodes de répit). Il se sent fatigué et déprimé ; tout l'épuise. Il a perdu le goût des activités agréables. Grincheux, il dort mal ; il manque d'estime personnelle ; il s'épuise à gérer le quotidien.

DSM-IV : avant l'apparition du trouble dysthymique, on observe d'autres troubles tels que l'anorexie mentale, des douleurs physiques sans causes organiques, une dépendance aux médicaments, des troubles d'angoisse, de l'arthrite rhumatoïde.

Facteurs héréditaires : dépressions, troubles bipolaires.

Âge d'apparition des symptômes (vers 12 ans) ; avec développement progressif : ce trouble atteint autant les hommes que les femmes ; un tiers des patients ne s'est jamais marié ; 67 % des femmes se plaignent de syndromes prémenstruels. (Voir page 87 : « Le syndrome prémenstruel »)

Problèmes complémentaires

- 17 % d'abus d'alcool
- 12 % d'abus de café
- 14 % de boulimie
- 19 % de phobie sociale
- 10 % d'attaque de panique

Double dépression : le sujet présente également de vrais troubles dépressifs.

Neurasthénie

Ce syndrome s'accompagne d'une faiblesse générale, d'irritabilité, de maux de tête, de dépression, d'insomnie, de difficultés de concentration et d'impossibilité à éprouver de la joie. Il peut être consécutif à une maladie infectieuse ou l'accompagner, ou survenir suite à un état de stress persistant.

On évoque aujourd'hui le **syndrome de fatigue chronique** lorsqu'aucune autre maladie ne permet d'expliquer la fatigue. Celle-ci doit être très prononcée et durer depuis au moins six mois. Elle peut s'accompagner de symptômes complémentaires tels qu'une fièvre légère, des maux de gorge, une inflammation légère des ganglions lymphatiques, des maux de tête, des douleurs musculaires et articulaires, des troubles du sommeil, des difficultés d'attention et de concentration, une humeur dépressive.

HUA BYONG

En Corée, il existe un syndrome que l'on peut traduire par l'expression « feu retenu ». Les principaux symptômes s'expriment par des douleurs multiples, des bouffées de chaleur, une pression dans la partie supérieure de l'abdomen, des palpitations, des soupirs et des larmes, des mouvements ou des conduites impulsives, des réactions passionnées, des demandes excessives, une angoisse généralisée et un état dépressif.

IRRITABILITÉ ET COLÈRE

Ce sont des symptômes fréquents chez les personnes hypersensibles et dysthymiques qui perturbent leurs relations et les isolent d'autant plus.

Autres symptômes « névrotiques »

LES TROUBLES SOMATOFORMES

La somatisation : lors de fortes tension internes, la personne souffre d'affections somatiques parfois très importantes : douleurs intenses au niveau de l'abdomen ou du bas-ventre, paralysie, tremblements, perte de la sensibilité à la douleur, cécité, surdité, syncopes, etc. On a souvent l'impression que, de façon inconsciente, les sujets cherchent à tirer un avantage psychologique de leur situation. De nombreux patients souffrent de douleurs dorsales et de douleurs musculaires pour lesquelles il n'existe aucune explication. Derrière ces plaintes, s'expriment souvent des conflits psychosociaux.

L'hypocondrie : la personne se préoccupe de façon excessive de son état de santé ou du bon fonctionnement de ses organes et, plus rarement cependant, de sa santé mentale. Ces troubles sont le plus souvent liés à l'angoisse ou la dépression.

La dissociation : les personnes sensibles confrontées à des expériences traumatisantes telles que des abus sexuels ou soumises à de fortes tensions internes réagissent par une altération importante de la conscience sous formes de troubles hystériques momentanés avec pertes de mémoire. Elles perdent conscience de leur réalité propre (dépersonnalisation) ; elles ont l'impression que leur corps ou certaines parties de celui-ci ont été modifiés, qu'elles sont irréelles, étranges. Ainsi, une patiente se percevait comme jouant un rôle dans un film. Cependant, leur rapport à la réalité reste intact (contrairement à ce que l'on observe dans la psychose). On constate très rarement des « troubles dissociatifs de l'identité », appelés autrefois « personnalité multiple ».

AUTRES FORMES DE NÉVROSES

Elles recouvrent différents symptômes plus rares et moins spécifiques. Les plus fréquents sont :

Les troubles sexuels : ils s'expriment par une excitation sexuelle atténuée ou exacerbée avec des troubles de l'érection, de l'orgasme et de l'orientation sexuelle (homosexualité, pédophilie). Ils accompagnent souvent les autres symptômes de la sensibilité et peuvent induire des souffrances importantes.

Les troubles de l'expression sexuelle: ils s'expriment sous forme de perversions telles que l'exhibitionnisme, le fétichisme, le masochisme/sadisme sexuel, le voyeurisme.

Les troubles du comportement alimentaire :

- l'anorexie mentale ;
- la boulimie (consommation alimentaire excessive suivie de vomissements).

Ces troubles sont particulièrement fréquents dans le monde occidental et font l'objet d'une grande attention en raison de leurs conséquences dramatiques. Nous ne pouvons en faire ici une description détaillée.

Ces troubles spécifiques s'expriment souvent en lien avec des modes comportementaux et relationnels névrotiques faisant intervenir l'image du corps et les habitudes alimentaires.

Le syndrome prémenstruel

L'état psychique est très influencé par les cycles féminins. Environ 30 à 40 % des femmes en âge de procréer souffrent d'un syndrome prémenstruel plus ou moins important. Environ 5 % d'entre elles présentent des symptômes qui perturbent leur vie professionnelle ou privée (trouble prémenstruel dysphorique).

EXEMPLE

« Quelques jours avant mes règles, je ne maîtrise plus mes émotions. Les tâches que j'accomplis sans difficulté en temps normal me paraissent une montagne. Je fonds en larmes pour un rien. Je perds le contrôle de mes nerfs et je crie après les enfants. Lorsque mes règles sont passées, je retrouve mon état normal. »

Définition

Le syndrome prémenstruel désigne un ensemble de symptômes physiques et psychiques qui se manifestent régulièrement un à dix jours avant le début des règles et s'atténuent au moment des règles ou peu après. On constate ensuite une rémission plus ou moins longue, jusqu'au cycle suivant.

Symptômes

- modification de l'humeur ; tensions, bouffées d'angoisse ou de panique ;
- dépression, « sentiment de désespoir », « pleurs non motivées » ;
- difficulté d'attention et de concentration ;
- fatigue, abattement, manque d'énergie ;
- colère, susceptibilité ;
- troubles du sommeil ;
- symptômes physiques : sensibilité ou gonflement des seins ; maux de tête ; douleurs articulaires ou musculaires ; lourdeurs d'estomac et prise de poids ; tachycardie, vertiges.

Causes

Le syndrome prémenstruel est lié au cycle hormonal féminin, mais ses causes exactes ne sont pas identifiées. Des facteurs hormonaux, psychologiques, culturels et sociaux, ainsi que les habitudes alimentaires participent certainement à ce syndrome. Il ne se produit que si les ovaires fonctionnent normalement.

Diagnostic

- observer minutieusement et noter les symptômes en liaison avec le cycle (sur deux cycles au moins) ;
- les symptômes doivent être suffisamment pénibles pour perturber le fonctionnement normal ;
- le syndrome prémenstruel ne peut être décelé par une prise de sang ou d'autres examens.

Traitement

Dans de nombreux cas, la tenue d'un calendrier des symptômes et le fait d'apprendre qu'il s'agit d'un trouble hormonal et non d'une maladie psychique apportent déjà un soulagement à la patiente.

MODIFICATION DU STYLE DE VIE

Surveiller son poids – avoir un style de vie sain avec une pratique sportive régulière – se nourrir de façon équilibrée – dormir suffisamment – gérer son stress – se faire accompagner en relation d'aide.

TRAITEMENT :

- **à base de plantes** : huile d'onagre ;
- **vitamine** E ou B6 ;
- **sels minéraux** : magnésium et calcium ;
- **diurétique** : en cas de rétention d'eau.

LORSQUE LES SYMPTÔMES SONT TRÈS DOULOUREUX ET QUE LES MESURES PRÉCÉDENTES NE SUFFISENT PAS :

- les analgésiques sont utiles en cas de crampes ou de douleurs dans les membres, le thorax, etc. ;
- les inhibiteurs d'ovulation tels que le Gestagène ;
- les antidépresseurs pris pendant les périodes d'expression des symptômes psychiques soulagent environ 60 % des femmes.

L'ANALYSE COMPORTEMENTALE

Elle a des effets thérapeutiques :

- l'espoir : « Quelqu'un me prend au sérieux » ;
- le passage à l'action : « Je ne suis plus désemparée » ;
- l'acceptation de soi : « C'est ainsi que je fonctionne » ;
- le contrôle : « Je peux prévoir » ;

- la limitation du problème : « Je ne me sens pas toujours mal » ;
- la compréhension : « Les autres peuvent tenir compte de mon problème ».

PLAN JOURNALIER/CALENDRIER D'ACTIVITÉS :

- conseils généraux : prévoir des pauses, des repas légers, aller au travail en vélo, etc. ;
- établir un plan d'activités journalier précis : il donne des repères en cas de symptômes prononcés ;
- prévoir des activités agréables ;
- éviter les situations stressantes.

MODIFIER SA FAÇON DE PENSER

- Comment est-ce que je me vois ?
- Qu'est-ce que j'attends d'autrui ?
- Quels sont mes objectifs inconscients ?
- Quelles sont mes méthodes pour affronter les difficultés ?
- Comment mieux faire face aux défis ?
- Comment me protéger ?

CINQ CONSEILS AU CONJOINT ET AUX AMIS

1. S'informer sur les causes et les effets de la maladie.
2. Rendre la maladie responsable, pas l'épouse ou l'amie.
3. Faire preuve d'empathie.
4. Ne pas recevoir comme une attaque personnelle les attitudes négatives.
5. Accepter que les jours difficiles fassent partie de la relation.

Quand la foi pose problème

MOT CLÉ : NÉVROSE ECCLÉSIOGÈNE

Définition (d'après Hark) : « Dans le large spectre des maladies psychiques, la névrose ecclésiogène concerne le sujet en milieu religieux ; elle est induite par une religiosité excessive. La piété et la foi peuvent tout autant rendre malade, tel un poison de l'âme, qu'être source de salut et conduire à la béatitude. C'est une question d'équilibre dans l'éducation religieuse dispensée par les parents, l'école et l'Église. »

Étude de Hark sur les névroses religieuses :

Au moyen d'un questionnaire précis, Hark a comparé les réponses de 139 patients en thérapie suite à des difficultés spirituelles à celles de 234 personnes d'un groupe « sain ».

Déductions : « Nous avons pu établir une relation entre les difficultés psychonévrotiques et l'orientation religieuse. Les statistiques prouvent que, plus les problèmes psychiques sont importants, moins le sujet est influencé par son orientation et sa pratique religieuses. À l'inverse, une pratique religieuse équilibrée atténue les difficultés psychiques. Notre examen confirme donc que c'est la névrose qui influence et perturbe la vie spirituelle et non l'inverse. On constate en effet qu'une pratique religieuse positive contribue à la guérison des troubles. »

LA FOI REND-ELLE MALADE ?

Dans une étude personnelle (Pfeifer & Waelty, 1995) nous avons pu démontrer qu'il n'existait aucune corrélation entre la gravité d'une névrose et la ferveur de la pratique religieuse. Les personnes religieuses reconnaissent cependant, qu'en raison de leur foi, elles éprouvent fréquemment des tensions internes. Mais elles refusent catégoriquement de considérer que la foi « est un fardeau ».

Déduction : la foi ne rend pas malade, mais les personnes hypersensibles qui souffrent d'angoisse et de dépression se tournent plus volontiers vers la foi et la fréquentation des croyants.

La vie spirituelle s'inscrit dans la structure de chaque personnalité. Elle est donc « un trésor dans un vase de terre ».
(2 Corinthiens 4:7)

Un espace de tension entre névrose et spiritualité

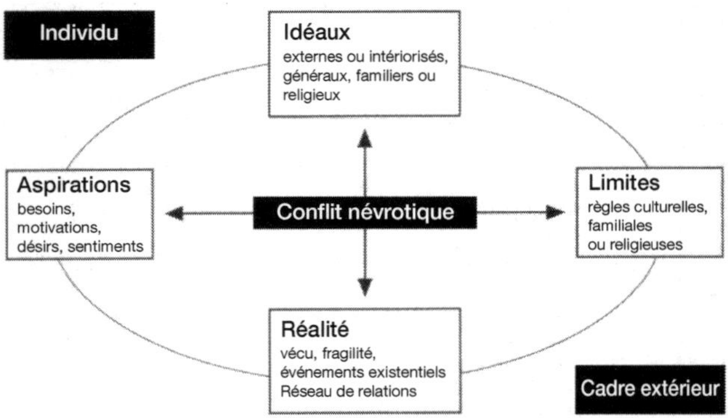

Littérature :

La foi est-elle un facteur de déséquilibre ? Pfeifer Samuel, Empreinte temps présent, 1993.

LES SEPT DOMAINES DE CONFLITS

Les difficultés des personnes sensibles décrites précédemment s'expriment également dans leur vie spirituelle. La pratique religieuse rigide est alors en lien si étroit avec les symptômes psychiques qu'il devient difficile d'identifier les causes et les effets. On peut observer :

1. Une sensibilité générale aux conflits relatifs à la foi ;
2. Des conflits de loyauté à l'égard de la famille malgré les blessures subies et les sentiments subjectifs d'injustice ;
3. Des conflits entre l'idéal de la foi et la réalité quotidienne ;
4. Une angoisse générale plus prononcée qui concerne également la foi ;
5. Des sentiments de culpabilité dans la vie quotidienne ;
6. L'acceptation de sa propre responsabilité et le souhait de recevoir conjointement des directives divines ;
7. Une tendance à céder au légalisme et à la morale imposée par les hommes et l'Église ou la communauté religieuse, au détriment de la liberté chrétienne personnelle.

Qu'apportent les médicaments ?

Les troubles névrotiques ont pendant longtemps relevé du domaine de la psychothérapie.

La biologie du cerveau : les recherches actuelles discernent, derrière l'hypersensibilité psychique, une modification de l'équilibre biochimique du cerveau. Une étude a cherché à déterminer si les médicaments antidépresseurs agissaient également en cas de dysthymie et de syndrome prémenstruel. Les résultats étaient surprenants.

Quelques indications :

- les sujets attendaient en moyenne 15 ans avant de chercher de l'aide (c'est un délai beaucoup plus long que celui observé en cas de dépression profonde) ;
- beaucoup avaient suivi une psychothérapie pendant de longues années, sans amélioration.

Après un diagnostic minutieux, les patients bénéficièrent du traitement suivant :

- des antidépresseurs du type SSR1 ;
- une psychothérapie, une thérapie cognitive et des entretiens de soutien.

Résultats du traitement :

- on observe une stabilisation significative : l'efficacité du patient passe de 50 % à plus de 70 % ;
- la gestion du stress se trouve sensiblement améliorée ;
- le patient n'est plus écrasé par les petites contrariétés quotidiennes ;
- avec la mise en place d'un traitement médicamenteux modéré, les patients ont besoin d'une thérapie moins lourde.

« Trois patients sur quatre ayant souffert de mélancolie pendant des années atteignirent pour la première fois de leur vie un niveau d'efficacité suffisant qui dura plus de 5 ans. »

« C'est seulement depuis que je prends des médicaments que je peux appliquer ce que j'apprends en psychothérapie. »
(Citation d'une patiente)

LES MÉDICAMENTS CHANGENT-ILS LA PERSONNALITÉ ?

De nombreux patients connaissent une modification significative de leur humeur fondamentale. Doit-on considérer cela comme un avantage ou un inconvénient ? Voici quelques éléments de réflexions :

- qu'est-ce que la personnalité fondamentale ?
- la léthargie, la réaction excessive aux contrariétés et l'évitement social sont l'expression d'une personnalité malade ;
- les médicaments libèrent les traits de personnalité que la dysthymie avait masqués ;
- les médicaments calment l'irritabilité, les ruminations anxieuses, la névrose, l'humeur dépressive et l'inquiétude et ils améliorent es capacités dans la gestion du quotidien. Les patients traités retrouvent de l'énergie pour nouer des contacts et reprendre leurs activités.

Certains font difficilement face à ce changement : « Ce n'est plus moi » ou : « Maintenant on exige trop de moi. »

La psychothérapie : succès et limites

LES CONDITIONS D'UNE PSYCHOTHÉRAPIE EFFICACE

1. Le patient doit pouvoir établir une relation solide, empathique et confiante avec son thérapeute.

2. Il faut donner au patient une explication plausible ou mythologique qui donne sens à ses difficultés et le convainc de la nécessité d'une thérapie.

3. Lorsque l'on présente au patient des informations nouvelles sur les causes et la dynamique de ses difficultés, il faut lui proposer également de nouvelles modalités d'adaptation.

4. Il importe d'éveiller l'espoir ; d'encourager les attentes du patient et de ses proches.

5. On peut mettre en évidence les succès afin de donner au patient la confiance et la certitude de pouvoir maîtriser ses difficultés.

6. L'empathie et l'engagement du thérapeute restent des éléments essentiels.

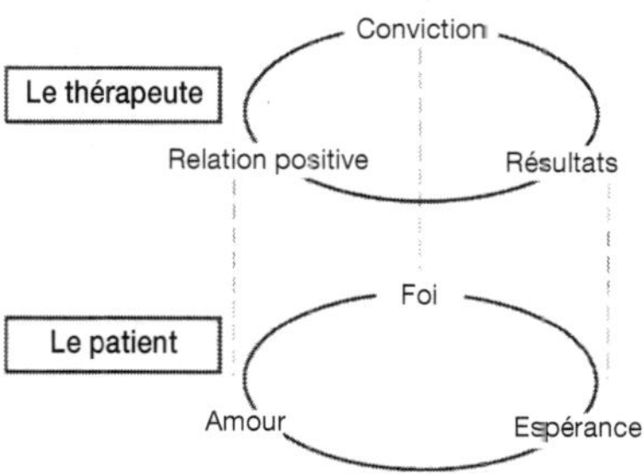

La synthèse de ces six points conduit aux trois piliers fondamentaux de la relation d'aide chrétienne : l'amour – la foi – l'espérance. C'est sur ces piliers qu'elle fonde l'efficacité de sa thérapie.

LES LIMITES DE LA PSYCHOTHÉRAPIE

1. **Limites liées au fait d'assumer son passé** : la roue de la vie tourne et son mouvement ne peut s'inverser. Certaines blessures continueront à faire mal.

2. **Le cadre de vie (famille, couple, profession, église)** : la communauté fait du bien, mais elle peut aussi étouffer.

3. **Les limites éthiques** : les relations extraconjugales, le divorce, la grossesse non désirée et l'hostilité profonde restent souvent sources de conflits.

4. **La liberté et la responsabilité de l'individu** : le thérapeute ne peut s'interposer dans les décisions du sujet.

5. **Vivre avec sa faiblesse** : même la meilleure thérapie ne peut supprimer entièrement la sensibilité. Il faut apprendre à vivre avec ses limites.

La maturité

OBJECTIFS DE LA RELATION D'AIDE THÉRAPEUTIQUE

La maturité personnelle et spirituelle consiste à vivre malgré une certaine insécurité. Être mature, c'est supporter les tensions entre l'idéal et la réalité, entre les désirs et le réel. Il est de la responsabilité de chacun de prendre ses décisions en assumant les tensions incontournables qu'elles génèrent.

L'amour du prochain n'est pas toujours compatible avec le bien-être personnel. Chacun court le risque d'être incompris. Dans la vie communautaire, il faut souvent trouver un compromis entre les exigences d'autrui et la satisfaction de ses propres besoins.

La maturité permet l'adaptation à la vie en société, une vie où il s'agit de trouver l'équilibre subtil entre imposer et céder. L'être humain mature ne pleure pas sur ses désirs non réalisés, il cherche l'épanouissement dans différents domaines. La maturité ne consiste pas à atteindre le parfait accomplissement de soi, mais à vivre dans la réalité en comptant sur le soutien et l'accompagnement de Dieu.

CONSEILS PRATIQUES AUX PERSONNES SENSIBLES

- Acceptez vos faiblesses comme une composante de la vie.
- Accordez-vous assez de repos.
- N'acceptez pas trop de responsabilités.
- Fixez vous des priorités.
- Ne prenez pas tout à cœur.
- Ne prêtez pas vos sentiments aux autres.

Les personnes sensibles peuvent partager avec les autres leur grande richesse intérieure, sous réserve qu'elles puissent bénéficier d'un environnement protégé. Choisissez avec soin vos domaines d'activités et vos relations personnelles. Vous ne pouvez sauver le monde et vous n'avez pas à le faire. Intégrez-vous dans un milieu où vous pourrez exprimer vos dons et laissez le reste à Dieu et aux autres.

- CHERCHEZ À MIEUX VOUS CONNAÎTRE.
- ACCEPTEZ LES DIFFÉRENCES.
- TROUVEZ VOTRE VALEUR PERSONNELLE DANS LA DÉPENDANCE DE DIEU.
- SOYEZ CONSCIENT DE L'IMPERFECTION DU MONDE ET DES HUMAINS.
- ASSOCIEZ LIBERTÉ ET RESPONSABILITÉ : VIVRE AVEC DES RÈGLES MAIS SANS DÉPENDANCE.
- CONNAISSEZ LES « TEMPS DE LA VIE » – AYEZ MOINS PEUR DU CHANGEMENT.
- LAISSEZ-VOUS INSPIRER PAR L'ART.

« Je sentais une similitude entre la lutte de Vincent van Gogh et mes luttes, et je pris conscience que Vincent devenait mon thérapeute à travers ses propres blessures.

Il avait peint ce que je n'avais jamais osé regarder, il avait posé la question que j'avais toujours éludée et il entrait ainsi dans une partie de mon être que je n'avais jamais osé approcher. Il m'a réconcilié avec mes peurs et m'a donné le courage d'approfondir ma quête d'un Dieu qui nous aime. »

(Henri J.-M. Nouwen, à propos de Vincent van Gogh.)

***

« Ses paroles parlaient avec une sensibilité particulière aux personnes qui avaient souffert psychiquement dans leur vie. Il découvrit que, grâce à ses propres blessures, il pouvait atteindre les blessures des autres. »

(Michael Ford, *Wounded prophet. A Portrait of Henri J.-M. Nouwen*, Doubleday, 1999.)